CONCEPTION GRAPHIQUE : L'BB

ISBN 2-203-11750-8

HUMOUR

Didier Dufresne

Mille sapins !

illustré par Bill Marshall

ROMANS
casterman
HUIT & PLUS

1

23 DÉCEMBRE 2017.

Le vaisseau suprasonique survolait les étendues glacées du pôle Nord. Bien calé dans son fauteuil, Marcel Grigneux, l'œil rivé au hublot, ne cachait pas son impatience.

— Alors, on n'y est pas encore ? demanda-t-il.

— Nous devrions apercevoir les bâtiments de l'APNS dans une minute, répondit son voisin.

Marcel soupira. Quelle chance j'ai eue, pensait-il. Gagner au tirage du Super-Bingo-Loto ! Pouvoir visiter l'endroit le plus secret du monde, l'APNS, la mystérieuse Agence Père Noël Service...

— Ça y est, on arrive ! hurla Marcel.

Au milieu des glaces se détachait la silhouette sombre des installations de l'Agence, une gigantesque étoile à huit branches, dont le centre, en forme de dôme, était piqueté de points lumineux.

— Magnifique ! s'écria Marcel.

Les supraréacteurs gémirent ; l'engin commença son approche.

Un choc mou et ils atterrirent au sommet du dôme, dans une féerie de lumières rouges et vertes.

Une bise glacée accueillit Marcel à sa sortie ; il descendit les quelques marches menant à la piste.

Une délégation, toute de rouge vêtue, l'attendait. Un homme rond et souriant s'approcha de lui, bras ouverts.

— Bienvenue à l'APN... Houps !

Et il s'écroula aux pieds de Marcel.

— Nom d'un renne, fichu verglas ! fit l'homme tandis qu'on se battait pour le relever. Je me présente : Père Noël Directeur-Général, mais appelez-moi PNDG.

— Grigneux, Grigneux Marcel, gagnant du...
— Oui, oui, je sais... petit veinard, va... Mais rentrons plutôt au chaud.
Bras dessus, bras dessous, ils titubèrent jusqu'aux portes vitrées.

2

MARCEL SUIVIT le groupe dans une enfilade de couloirs rouges, au sol de marbre blanc.

— Laissez-nous, maintenant, demanda le PNDG. (Les employés disparurent docilement.)

— Entrez dans mon bureau, je vous prie, et asseyez-vous.

Timidement, Marcel se hissa sur un fauteuil pivotant.

— Vous êtes vraiment bien installé, dit-il.

— Et tout est en « Plastex » premier choix et vison synthétique. Je ne vous dis pas le prix que ça coûte... Mais venons-en au fait. Je suis extrêmement occupé aujourd'hui, jour N-1, aussi, voici votre programme :

1. Visite des locaux techniques avec mon assistant.
2. Nuit dans une unité de Pères Noël de base.
3. Journée en direct dans la salle vidéo.
4. Goûter d'adieu.

— Formidable, dit Marcel. Et j'aurai le droit de tout voir ?

— Absolument tout, assura le PNDG, mais il y a une petite formalité. Vous devez me signer cet imprimé vous engageant à ne rien dévoiler de ce que vous aurez vu. Secret industriel oblige.

Marcel, impressionné, prit le styloptique et signa. Le PNDG appela son assistant, qui surgit aussitôt, chaussé de turbo-patins.

— Suivez-moi, dit-il.

Marcel s'équipa lui aussi et, à peine debout, bras écartés, démarra comme une fusée.

Au bout d'une douzaine de chutes, il suivit facilement Père-No-1. Celui-ci filait bon train, débitant d'un ton monotone le discours qu'il récitait à chaque visiteur :

— L'APNS a installé son siège central au pôle Nord en 2006, depuis que le Consortium International Électrique a racheté les droits d'exploitation de la marque « Père Noël ». Cinq niveaux souterrains abritent les services techniques de la base ainsi que les silos de stockage des jouets. Disposées en étoile tout autour, les unités d'habitation des Pères Noël de base et les huit unités de production de jouets. Ce complexe industriel est complété par la Méga-Usine de production robotisée de piles (la Méga-Pilos)...

Les salles d'ordinateurs et les comptoirs se succédaient, encombrés de Pères Noël, de paquets cadeaux et de montagnes de piles.
— Et ce grand machin, dehors ? demanda Marcel en montrant un point sur la banquise.
— C'est l'antenne de l'« Hyper Inter Com » (le HIC), récita Père-No-1. Nous diffusons en permanence des programmes de dessins animés entrecoupés de pubs pour les jouets. Les jouets de l'APNS, bien sûr, qui ne fonctionnent qu'avec les piles « Méga-Pilos », évidemment. Depuis la disparition des magasins, remplacés par le télé-achat, les enfants disposent de télécommandes spéciales. Dès qu'ils voient un jouet qui leur plaît à l'écran, ils appuient sur le bouton rouge et le jouet est automatiquement fabriqué, stocké et réservé à leur nom.
Le compte bancaire de leurs parents est aussitôt débité du montant de l'achat, plus trois électrodollars pour les frais.
— Fichtre, murmura Marcel, quelle idée géniale...

— Nous allons nous rendre maintenant à l'unité d'habitation des Pères Noël de base, où vous passerez la nuit. Une hôtesse vous portera un « plateau-manger » et une denti-brosse. Rendez-vous demain matin en salle vidéo.

3

Coincé entre deux gros Pères Noël, assourdi de ronflements, Marcel Grigneux n'arriva pas à trouver le sommeil cette nuit-là. Aussi, il ne sursauta pas quand, vers 4 heures 30, éclatèrent les accords de *Petit Papa Noël*, relayés par les haut-parleurs qui aboyaient :

— Branle-bas de Noël... Branle-bas de Noël...

Autour de lui, les Pères Noël de base, dans le désordre le plus total, dégringolaient des lits, enfilaient leurs combinaisons, sautaient dans leurs bottes et se précipitaient vers les tapis roulants en se lançant des injures. Ils arrachaient leurs « plateaux-manger » des mains des hôtesses et dévoraient dans la pagaille lait concentré, crème de marron en boîte, bonbons arôme mandarine et bûchette de biscuit fourré.

Cinq minutes plus tard, la dentibrosse serrée entre les mâchoires et la carte magnétique à la main, ils franchissaient le portillon du départ. L'opération « Boule de Neige » venait de commencer.

Marcel suivit la horde et se dirigea vers la salle vidéo où l'attendait Père-No-1.

— Extraordinaire ! fit Marcel en contemplant les centaines d'écrans qui couvraient les murs de la salle.

Le personnel s'activait autour des claviers, envoyait des ordres par visiophone. Mais tout ne se passait pas si bien qu'on pourrait le croire.

— Regardez ! cria Marcel, ça chauffe au guichet 34.

Sur un écran, un groupe de Pères Noël bombardait les caissières, retranchées derrière leur comptoir, avec des souris à musique. Celles-ci répondaient à grands coups de panoplies d'infirmières. Mais bien vite, les Pères Noël de Choc mirent de l'ordre à grands coups de bombes de cotillons, emplissant l'écran de sarbacanes, faux nez, serpentins...

— Bien joué ! s'exclama Père-No-1.
— Et en salle 117, visez un peu ça ! ajouta Marcel.
On voyait patauger des Pères Noël dans un mètre d'eau, au milieu de centaines de boîtes flottant à la surface.
— Tous les ans, c'est la même chose, il faut qu'un idiot joue avec les poupées qui font pipi ! soupira Père-No-1.

Marcel éclata de rire, vite imité par une partie du personnel.

— Mais ne restons pas là, nous risquerions de manquer le départ, fit Père-No-1 en entraînant Marcel vers la salle d'embarquement.

4

« Le Père Noël matricule 17 208 est demandé au service jeux électroniques. »

Grésillements...

« Heure universelle 18 h 20. Quarante minutes avant envol. »

Crépitements...

Les haut-parleurs se turent un instant, puis reprirent en sourdine le vieil air d'autrefois :

Vive le vent,
Vive le vent,
Vive le vent d'hiver...

Marcel était éberlué. Dans l'immense salle circulaient des nuées de Pères Noël... Leurs combinaisons rouges de « Plastoalu » scintillaient sous les néons bleutés. Des files d'attente serpentaient devant les guichets. Des ascenseurs pneumatiques vomissaient des hordes de Pères Noël croulant sous les paquets.

— Mais pourquoi sont-ils si chargés ? questionna Marcel.

— C'est à cause des piles, répondit Père-No-1. Chaque Père Noël perçoit un sac à dos pour les piles plates, un sac à ventre pour les batteries et deux bandes de poitrine pour les piles rondes.

— On dirait des révolutionnaires mexicains, comme dans les préhistofilms ! Mais pourquoi tant de piles ? questionna Marcel.

Père-No-1 s'approcha et lui glissa à l'oreille :

— Ne le répétez pas, on vend les jouets à perte, mais on se rattrape sur les piles. Pour faire fonctionner un jouet valant un électrodollar, il faut trois électrodollars de piles. Piles qui durent en moyenne trois jours.

— Piles « Méga-Pilos », bien sûr, chuchota

Marcel. Trois électrodollars tous les trois jours, pour des millions de jouets. Astucieux...
— N'est-ce pas ? sourit Père-No-1.
— Mais au fait, je ne vois pas les rennes, s'inquiéta Marcel.
— Ha ! ha ! ha ! s'esclaffa Père-No-1. Les rennes ! Mais mon pauvre ami, ils sont à la retraite, usés par les piqûres d'hormones destinées à les rendre plus rapides... Non, maintenant nous avons ça !
Il désigna le fond du hall où s'alignaient des centaines de scooters des nuages, rouge vif, bardés d'autocollants publicitaires magnétiques.
Marcel n'en croyait pas ses yeux.
Soudain, une sonnerie retentit. Dans la salle, les Pères Noël se figèrent. L'horodateur indiquait : 24-12-2017 – 19 h 00.
L'heure N. Le grand moment !..
Ce fut la ruée. Tous se précipitèrent vers leurs machines. On aurait dit une course de voitures d'autrefois, quand l'essence existait encore.

Les premiers partirent en trombe et franchirent le sas. On apercevait dans le ciel noir les fines traînées de leurs sillages de glace. Derrière, c'était l'embouteillage. Le flot s'étalait dans le vacarme des turbines surchauffées. Seule l'intervention des Pères Noël de Choc, armés de matraques à musique, permit d'ordonner le départ, sur l'air de *Mon beau sapin*. Bientôt, la salle fut vide. Marcel était ravi, jamais il n'avait assisté à un spectacle de cette qualité.

5

Il était maintenant 19 heures 45. Une odeur d'ozone planait dans la salle d'embarquement déserte. Les services techniques passaient un coup d'aspirobrosse. Les secrétaires faisaient le siège des distributeurs de boissons vitaminées. Les haut-parleurs diffusaient en sourdine *Étoile des Neiges*.

Le PNDG expliquait à Marcel la phase II de l'opération quand il se mit à crier :

— Mille sapins et neige artificielle !

— Quoi... quoi... bredouilla Marcel.

— Mais vous ne voyez donc pas, gémit le PNDG en s'arrachant d'épaisses poignées de barbe. Il reste un scooter !

En effet, Marcel aperçut, à demi masqué par

une colonne de marbre, un scooter attelé à sa remorque débordante de jouets.

— Qu'est-ce que cela signifie ? Qu'on m'explique !

Mais personne n'avait d'explication. Un Père Noël manquait à l'appel.

— Je ne vais pas le conduire moi-même, ce scooter, gémit le PNDG. C'est que je dois voir le ministre des Jouets ce soir ! Ma carrière est fichue !

Il se tourna vers Marcel, l'œil humide, les mains jointes.

— Faites cela pour moi, ou je suis perdu.

— Mais je... balbutia Marcel.

— Ah ! merci, mon ami, je savais bien que je pouvais compter sur vous !

Installé de force sur le siège, Marcel Grigneux, affûteur de rayons laser de son état, se retrouva bombardé Père Noël de fortune. De rage, il tourna la clef, démarra, passa de justesse le sas et disparut dans le ciel polaire.

— Problème réglé ! jubila le PNDG en se frottant les mains.

6

« C'EST BIEN MA VEINE », pensa Marcel en accélérant à fond au risque de se rompre les os.

Mais un « Grigneux » savait faire face.

Plus les nuages défilaient, plus il prenait de l'assurance. Un vertigineux virage suivi d'une vrille lui remonta l'estomac au bord des lèvres, ce qui le dégrisa un peu.

« Calmons-nous et orientons-nous, se dit-il en s'arrêtant près d'un gros cumulo-nimbus. »

Sur sa carte « Michemin » à infrarouges, un point clignotait, indiquant le lieu de livraison, le minuscule village de Clafoutis-les-Noyaux. Marcel eut une pensée émue pour les petits Clafoutis-Noyautins dont le bonheur dépendait maintenant de lui. Il tourna la poignée. La turbine à gaz donna toute sa puissance et, en moins de temps qu'il n'en faudrait à un orteil pour geler, c'était certain, il survolerait le village.

Le pylône émergea soudain du brouillard et ce fut l'accident. L'accident stupide. Le patin avant gauche heurta le câble dans une gerbe d'étincelles.

Marcel ne put retenir un grand cri quand le scooter bascula vers le sol.

Le système automatique d'urgence s'enclencha et deux rétrofusées de secours posèrent délicatement l'engin sur la neige ferme.

— Nom d'un laser ! s'écria Marcel, qui se voyait déjà à l'astropital. Ces machines sont vraiment bien étudiées.

Hélas, son soulagement fut de courte durée. Quand il tenta de repartir, le scooter refusa obstinément d'aller droit. Pis encore, il tournait en rond, de plus en plus vite. Marcel coupa les gaz et descendit voir ce qui se passait.

Le patin avant gauche était complètement fichu !

« C'est du plastofer, se dit Marcel. Ce n'est même pas la peine d'essayer de le détordre, par ce froid, il casserait net. »

Il regarda autour de lui, mais ne découvrit que la plaine blanche, scintillant dans la nuit glacée. Aucune lumière n'indiquait un lieu habité. Marcel était seul, il avait froid et avait de plus un petit creux à l'estomac.

— Ils ont peut-être prévu un petit casse-croûte dans la boîte à gants, en cas de besoin.

Il ouvrit le panneau du tableau de bord et découvrit trois boîtes rectangulaires. Une fiche de plastex les accompagnait. Marcel se mit à lire tout haut:

Secours en mer : BOÎTE BLEUE.
contenu : 1 radeau miniaturisé à moteur ionique
1 canne à pêche électronique
1 lot de cartes marines.

Secours dans le désert : BOÎTE JAUNE.
contenu : 10 sachets d'eau en poudre
1 lasso automatique pour dromadaire
1 boussole à quartz.

Secours dans la neige : BOÎTE BLANCHE.
contenu : 10 bonbons vitaminés chauffants
1 balise satellite de détresse
1 couverture de survie.

Marcel ouvrit fébrilement la boîte blanche en se félicitant de ne pas être tombé dans le désert (il avait peur des dromadaires).

— D'abord, un bonbon chauffant.
Il avala le premier des dix bonbons, un gros rose au goût de fraise, et ressentit tout de suite une douce chaleur dans tout le corps.
Enveloppé dans la couverture de survie, il se mit à lire le mode d'emploi de la balise de détresse.
C'était simple, il suffisait d'appuyer sur le bouton rouge et le service dépannage vous envoyait un Père Noël d'Assistance.
Rassuré, Marcel appuya sur le bouton, croqua une poignée de bonbons et attendit.

7

UNE HEURE PLUS TARD, un tintement de clochettes réveilla Marcel qui s'épongea le front. Il était bouillant de fièvre et la neige avait fondu autour de lui.

« Satanés bonbons, pensa-t-il, qu'est-ce qu'ils me chauffent. »

Il aperçut au loin une silhouette animale qui s'approchait au petit trot. Il se leva péniblement et fit de grands signes des bras. Il distingua alors un traîneau tiré par un renne, conduit par un Père Noël joufflu et souriant. L'équipage s'immobilisa près de Marcel, rouge comme une pivoine.

— Ce sont les bonbons, n'est-ce pas ? Un seul à la fois, sinon, c'est la fièvre garantie. Com-

bien en avez-vous pris ? fit le Père Noël en sautant à terre.
— Je ne sais pas, peut-être quatre ou cinq, répondit Marcel vaguement inquiet.
— Alors vous en avez pour quelques heures encore à cuire, sourit le Père Noël d'Assistance. Qu'est-ce qui vous arrive ? Le pylône, certainement. J'en ramasse au moins un par an. Depuis le temps que je leur dis, au Service des Itinéraires, de signaler ce danger.
Marcel hocha la tête.
— Vous avez raison, j'ai heurté le pylône. Il faut vous dire que je ne suis pas vraiment pilote de scooter.
— Père Noël débutant ?
— Même pas, répondit Marcel, qui raconta toute son histoire.
— Par les guirlandes de mon sapin, vous auriez pu vous rompre la barbe ! Enfin, vous n'avez rien de cassé. Mais le scooter en a pris un coup !
Marcel désigna le patin.
— Il est tordu, le scooter tourne en rond.

Le Père Noël se pencha sur l'avant de la machine, marmonna quelques injures et annonça :

— Rien à faire, le patin est hors d'usage et je n'ai pas la pièce pour réparer. Il va falloir livrer à l'ancienne, comme au bon vieux temps.

— Livrer à l'ancienne ? Vous voulez dire avec ce renne, comme autrefois ? interrogea Marcel.

— Hé oui, mon gars ! On n'a encore rien trouvé de mieux qu'un bon renne et un traîneau de bois quand la mécanique vous lâche.

Marcel ne comprenait pas. Il ne pouvait croire que l'APNS, cette entreprise ultramoderne, pouvait trébucher sur un simple patin tordu.

— Mais je pensais, demanda Marcel, que les rennes étaient à la retraite ?

— C'est ce qu'ils disent, au siège central. Mais ce n'est pas tout à fait exact. Il en reste un en service dans ma petite unité de dépannage. Mais on ne veut pas en parler. Imagine — tu me permets de te tutoyer ? — que les journaux apprennent que la plus perfectionnée des entreprises de la planète est obligée de se faire dépanner par un renne ! Un animal... une bête qui mange de l'herbe et qui fait des crottes... conduite par un vieux Père Noël comme moi ! Quelle rigolade ! Alors, mon renne et moi, on nous cache. On me verse une petite pension, une misère, et je vivote.

Marcel ne perdait pas un mot de ce qu'il entendait.

— Vous êtes donc le vrai Père Noël ? demanda-t-il.

— Tu l'as dit ! J'étais là bien avant que leur APNS existe.

— Et vous n'avez jamais voulu vous recycler, suivre des stages pour...

— Pour conduire un scooter ? Franchement, tu me vois sur un scooter ?

Marcel regarda le Père Noël. C'était un homme d'un certain âge, au visage rond et jovial. Un ventre respectable lui interdisait sans doute possible le pilotage de l'engin à turbine.

— Bon, il ne faut pas moisir ici ! lança joyeusement le Père Noël. Gaston, viens par ici !
Le renne tourna paisiblement la tête et cligna de l'œil.

— Il s'appelle Gaston ? demanda Marcel.

— Non, en réalité, son nom est Balthazar de la Sapinette, mais Gaston, c'est plus court et plus affectueux.

Le nommé Gaston s'approcha docilement et Marcel aida le Père Noël à transporter les cadeaux dans la remorque.

8

MARCEL VÉCUT cette nuit-là sa plus belle nuit de Noël.

Au son des clochettes, il distribua dans les cheminées tous les cadeaux de Clafoutis-les-Noyaux. Le bruit feutré des sabots du renne remplaçait agréablement le sifflement de la turbine du scooter. Trônant sur le siège, le Père Noël guidait son attelage avec un sourire enfantin. Quant à Gaston, un bonbon offert par Marcel lui avait chauffé les oreilles au rouge, et il secouait nerveusement la tête pour les refroidir.

L'aube teintait l'horizon de mauve quand les deux compères, épuisés mais rayonnants, terminèrent leur tournée.

— Tu vas bien passer prendre quelque chose à la maison, proposa le Père Noël.
— Si tu veux, répondit Marcel qui avait lui aussi adopté le tutoiement. Ce sera avec plaisir.
Gaston n'eut pas besoin de se faire prier pour rejoindre son écurie. Il partit au trot vers la maison du Père Noël.
Marcel contempla avec étonnement la petite cabane de rondins, le petit enclos et l'abri de Gaston.
— Ni eau, ni électricité ! annonça le Père Noël. Mais j'ai fait un bon feu. Entre donc !
La cabane était sombre, et ça sentait la soupe.
Le Père Noël alluma la lampe à pétrole et la promena autour de lui.
— Tu vois, c'est mon domaine, dit-il.
Une table, deux chaises et un petit lit de bois, quelques coffres, c'était tout le mobilier de la cabane. L'odeur qui s'échappait de la marmite était délicieuse, et l'estomac de Marcel cria sa faim.
— Tu vas rester manger avec moi, dit le Père

Noël. C'est rare, tu sais, un réveillon avec quelqu'un à qui parler quand on est un vieux Père Noël solitaire.

Marcel accepta avec joie. Un réveillon avec le Père Noël ! Ils n'allaient pas le croire, les collègues de l'usine, quand il leur raconterait ça.

Assis face à face, les deux convives dégustèrent la soupe.

— Je la prépare avec de vrais légumes, dit le Père Noël. Ensuite, tu goûteras ma dinde et ma bûche au chocolat. Tout est fait maison !

Marcel reprit deux fois de la dinde et trois fois de la bûche.

Jamais il n'avait fait un aussi bon repas. Le Père Noël racontait ses tournées d'autrefois, Marcel lui expliquait comment on affûtait les rayons laser. Ils étaient bien.

Soudain, Marcel laissa échapper son verre qui se renversa sur la table. Il devint tout pâle.

— Ça ne va pas ? demanda le Père Noël. C'est la bûche qui ne passe pas ?

Mais Marcel ne l'écoutait plus. Les yeux dans

le vague, il semblait ailleurs. Brandissant sa cuillère, il s'écria :

— Par tous les astres ! J'ai une idée ! Je vais fonder ma propre agence.

Le Père Noël ne comprenait pas ce qui arrivait à son nouvel ami. Peut-être qu'il n'était pas habitué à une nourriture si naturelle ?

Marcel se mit à parler à toute vitesse.

— Imagine un peu : Agence Père Noël Tradition... Travail rapide et soigné... Livraisons à l'ancienne... Rennes vivants... Traîneaux en bois véritable... Père Noël authentique...

Le Père Noël écarquillait les yeux, incrédule. Marcel s'échauffait, son esprit s'était emballé. Il poursuivit son discours étrange.

— Je t'augmente... Tu quittes l'APNS... Campagne de publicité dans les journaux... Écurie climatisée pour le renne... Véhicule 4x4 à hydrogène liquide pour toi...

Marcel s'était mis à arpenter la pièce en faisant de grands gestes. Il continuait à parler d'une voix enflammée.

— Jouets de qualité, faits à la main... Penser à signer des contrats avec l'Eurasie... Visite de la cabane traditionnelle du Père Noël en été... Vente de Pères Noël et rennes fétiches en Plastex... Téléphoner aux banques... Combien cote l'électrodollar à la bourse de Tokyo ?...

Le Père Noël n'écoutait plus. Il s'était retourné et tisonnait le feu sans répondre. Cela ne semblait pas déranger Marcel qui demanda tout à coup :

— Vite, il faut que je rentre à Gigantopolis ! Je devrais déjà être parti ! Où se trouve le spatioport le plus proche ?

— Gaston va te conduire, il connaît le chemin, répondit le Père Noël sans lever les yeux. Tu peux le laisser là-bas, il saura rentrer seul.

Marcel se rua dehors, la serviette encore autour du cou, attela Gaston et disparut en marmonnant des mots sans suite.

9

LE TURBOCAR s’arrêta devant la cabane. La neige fondait par plaques et on apercevait ici et là le vert tendre des premiers brins d’herbe. Marcel, vêtu d’une pelisse de vison synthétique, descendit le premier, une sacoche de cuir véritable à la main. Un cortège de secrétaires, conseillers, employés et techniciens le suivait respectueusement. On installa à la hâte les caméras des douze chaînes de télévision.

Marcel prit solennellement la parole :

— Mesdames, messieurs, ce n’est pas sans émotion que je m’adresse à vous en ce jour historique, aube d’une ère nouvelle. Car si je vous ai demandé de m’accompagner jusqu’ici

aujourd'hui, c'est pour immortaliser la naissance de ce qui sera bientôt la plus grande entreprise multinationale de la planète.
Il sortit de sa sacoche une liasse de feuillets et la brandit devant les caméras.
— Oui, mesdames et messieurs ! Par la signature de ce contrat avec mon futur associé, Père Noël authentique et véritable, va naître l'Agence Père Noël Tradition, que le monde entier connaîtra sous le nom d'APNT.
Dans un tonnerre d'applaudissements et sous le crépitement des flashs, Marcel se dirigea majestueusement vers la cabane, suivi d'une horde de journalistes.
— Mais laissez-moi lui faire la surprise, annonça-t-il. Je veux profiter seul de sa joie bien compréhensible.
Devant la foule attentive et muette, Marcel poussa la porte et entra...

La cabane était vide et froide, le feu éteint depuis longtemps. Marcel erra dans la pièce déserte. Il regarda par la fenêtre : pas de renne et plus de traîneau dans l'écurie. Il ne comprenait pas. Où avait bien pu passer son ami Père Noël ? Il trouva alors un morceau de papier sur la table.

En le lisant, son regard se durcit. La belle écriture, aux pleins et déliés gracieux, disait: *Marcel, ne nous en veux pas. Gaston et moi, on a préféré partir. Adieu, le Père Noël.*

Dans le soir brumeux du printemps naissant, le turbocar disparut en sifflant, laissant dans son sillage voleter des feuillets qui ne seraient jamais signés...

Didier Dufresne vit en Bourgogne, entouré de vignes et d'enfants – les siens, mais aussi ceux de l'école où il est instituteur. Didier Dufresne a écrit de nombreuses histoires, publiées sous forme de romans ou d'albums (*Les Courges géantes du Mexique,* Mango, 1993, entre autres) et où, toujours, on retrouve ce mélange de tendresse et de fantaisie si prisé par les jeunes lecteurs.

William « Bill » Marshall est né à Brisbane, en Australie. Après avoir participé à la guerre du Pacifique contre les Japonais, il apprend toutes sortes de choses (la photogravure ou l'anatomie) puis part pour l'Europe. Installé en France, il travaille pour un grand journal du soir, pour la presse enfantine et devient de fil en aiguille auteur et illustrateur pour la jeunesse. On lui doit notamment *Pépé-Tacot* (Bayard, 1995) ou les images du *Cadeau !* de Claude Carré (coll. « Romans DIX & PLUS », Casterman, 1996).

Table des chapitres

Dans la même collection, série HUIT & PLUS

VOL À REBROUSSE-TEMPS
Roy Apps

LE COUPABLE HABITE EN FACE
Hubert Ben Kemoun

LE GRAND AMOUR DU BIBLIOTHÉCAIRE
LE MONSTRE DU CM1
Évelyne Brisou-Pellen

BON VOYAGE, FLOCKI !
JOYEUX NOËL, FLOCKI !
BON ANNIVERSAIRE, FLOCKI !
Achim Bröger

DES PAS DANS MON CIEL BLEU
Nadine Brun-Cosme

BARBAK L'ÉTRANGLEUR
Jean-François Chabas

LE SECRET DE MONSIEUR VERLAN
LA COLO DES TIMIDES
LE PETIT ALPHONSE ATTEND SA MAMAN
Stéphane Daniel

UN AMOUR DE COUSINE
Sophie Dieuaide

MILLE SAPINS !
Didier Dufresne

CAMBRIOLEUR AU GRAND CŒUR
Florence Dutruc-Rosset

L'OREILLE DU LOUP
Gilles Fresse

LE TRUC DE NAÏK
François Guiguet

L'ÉCHO DE MON CRI
Dr Ty Hochban

LES AMOUREUX DE LÉONIE
MON MEILLEUR AMI
Jo Hoestlandt

FOUS DE FOOT
LA GRANDE MÉCHANTE LOU
ALERTE AUX CHOUQUETTES !
NE M'APPELEZ
PLUS JAMAIS GROCHOUCHOU
Fanny Joly

LA CLÉ
LE CHEVAL DANS LA MAISON
Yvon Mauffret

MON JE-ME-PARLE
FAUSTINE ET LE SOUVENIR
Sandrine Pernusch

LE GUIGNOL DU FOND DE LA COUR
René Pillot

PETIT NUAGE
Michel Piquemal

DES CANARDS DANS
UN PANIER DE CRABES
UN OS DANS LE CASSOULET
CROISIÈRE AUX PETITS OIGNONS
Jérémy Piquomble

ROBERT
Niklas Rådström

LE MANOIR INVISIBLE
Geneviève Senger

UN MENU ENFANT POUR
ZAZA PESTOUILLE
Alain Serres

L'ÉCOLE DES SORCIERS
LA RENTRÉE DES SORCIERS
AU FEU, LES SORCIERS !
Paul Thiès

50 JOURS POUR DEVENIR
PARFAITEMENT MÉCHANT
50 JOURS POUR DEVENIR
UN VRAI DUR
Ian Whybrow

Dans la même collection, série DIX & PLUS

RIFIFI SUR LE MONT OLYMPE
Béatrice Bottet

MON PROF EST UN ESPION
Robert Boudet

LA FILLE DU COMTE HUGUES
Évelyne Brisou-Pellen

UNE SOIRÉE D'ENFER
CADEAU !
LA FIESTA DU SIÈCLE
LES MILLE ET DEUX NUITS
Claude Carré

UNE MOITIÉ DE WASICUN
VIEILLE GUEULE DE PAPAYE
NISRINE ET LUCIFER
LES SECRETS DE FAITH GREEN
Jean-François Chabas

LA PUCE, DÉTECTIVE RUSÉ
MEURTRES
AU PAYS DES PELUCHES
L'ÉCOLE FRISSONNIÈRE
DODO LA TERREUR
DANGER D'AMOUR
Sarah Cohen-Scali

UN TAG POUR LISA
QUERCY RAP
Stéphane Daniel

L'ACCIDENT
LE MESSAGE
LA PLACE VIDE
IDENTITÉ VOLÉE
Irina Drozd

UN GRAND-PÈRE TOMBÉ DU CIEL
MANON ET MAMINA
Yaël Hassan

ENLEVÉE PAR LES INDIENS
Mary Jemison

COMME SA PETITE SŒUR
Roland Lamarre

BLUES POUR MARCO
Olivier Lécrivain

LE VOLEUR DE FAMILLE
Patrick Mosconi

LE CRI DU KOOKABURA
LA CHASSE AUX MERLES
Jean Ollivier

LETTRES D'UN ONCLE PERDU
Mervyn Peake

GOSSE DE RICHE !
Joseph Périgot

UNE ANNÉE TOURBILLON
Sandrine Pernusch

LE MONDE D'EN HAUT
Xavier-Laurent Petit

UNE SEMAINE AU CIMETIÈRE
OÙ SONT PASSÉES LES MÉMÉS ?
ROCK PARKING
LE STRIP-TEASE DE LA MAÎTRESSE
Yves Pinguilly

YOËL OU LE SANG DE LA PIERRE
Michel Piquemal

LE MANGEUR DE LUMIÈRE
Éric Sanvoisin

HONG KONG STORY
Anne Thiollier

ÉCHAPPÉ SUR POINTES
Marie-Sophie Vermot

TOUT FAUX, LUDO !
Jean-Louis Viot

LA MAISON DES PETITS BONHEURS
LA PORTE OUVERTE
Colette Vivier

MA PREMIÈRE HISTOIRE DRÔLE
Olivier de Vleeschouwer

Le catalogue de la collection est disponible chez votre libraire ou sur une simple demande. « Romans Casterman », 36, rue du Chemin-Vert, 75011 Paris.